For Geraldine, Joe, Naomi,
Eddie, Laura and Isaac
M.R.

For Amelia
H.O.

Published by arrangement with
Walker Books Ltd, London
Dual language edition first published 2000
by Mantra Lingua Ltd
Global House, 303 Ballards Lane London N12 8NU
www.mantralingua.com

This edition 2013

Printed in Hatfield UK FP310513PB07137150

Vamos à Caça de um Urso

We're Going on a Bear Hunt

Retold by
Michael Rosen

Illustrated by
Helen Oxenbury

MANTRA
LINGUA

Vamos à caça de um urso.
Vamos apanhar um grande urso.
Que lindo dia!
Nós não temos medo.

We're going on a bear hunt.
We're going to catch a big one.
What a beautiful day!
We're not scared.

Oh-Oh! Relva!
Relva alta e ondulante.
Não podemos ir por cima.
Não podemos ir por baixo.

Uh-uh! Grass!
Long wavy grass.
We can't go over it.
We can't go under it.

Oh não!
Temos de atravessá-lo!

Oh no!
We've got to go through it!

Afasta afastar!
Afasta afastar!
Afasta afastar!

Swishy swashy!
Swishy swashy!
Swishy swashy!

Vamos à caça de um urso.
Vamos apanhar um grande urso.
Que lindo dia!
Nós não temos medo.

We're going on a bear hunt.
We're going to catch a big one.
What a beautiful day!
We're not scared.

Oh-Oh! Um rio!
Um rio frio e profundo.
Não podemos ir por cima.
Não podemos ir por baixo.

Uh-uh! A river!
A deep cold river.
We can't go over it.
We can't go under it.

Oh não!
Temos de atravessá-lo!

Oh no!
We've got to go through it!

Salpica salpicar!
Salpica salpicar!
Salpica salpicar!

Splash splosh!
Splash splosh!
Splash splosh!

Vamos à caça de um urso.
Vamos apanhar um grande urso.
Que lindo dia!
Nós não temos medo.

We're going on a bear hunt.
We're going to catch a big one.
What a beautiful day!
We're not scared.

Oh-Oh! Lama!
Lama espessa e lodosa.
Não podemos ir por cima.
Não podemos ir por baixo.

Uh-uh! Mud!
Thick oozy mud.
We can't go over it.
We can't go under it.

Oh não!
Temos de atravessá-lo!

Oh no!
We've got to go through it!

Chapinha chapinhar!
Chapinha chapinhar!
Chapinha chapinhar!

Squelch squerch!
Squelch squerch!
Squelch squerch!

Vamos à caça de um urso.
Vamos apanhar um grande urso.
Que lindo dia!
Nós não temos medo.

We're going on a bear hunt.
We're going to catch a big one.
What a beautiful day!
We're not scared.

Oh-Oh! Uma floresta!
Uma floresta grande e escura.
Não podemos ir por cima.
Não podemos ir por baixo.

Uh-uh! A forest!
A big dark forest.
We can't go over it.
We can't go under it.

Oh não!
Temos de atravessá-lo!

Oh no!
We've got to go through it!

Tropeça tropeçar!
Tropeça tropeçar!
Tropeça tropeçar!

Stumble trip!
Stumble trip!
Stumble trip!

Vamos à caça de um urso.
Vamos apanhar um grande urso.
Que lindo dia!
Nós não temos medo.

We're going on a bear hunt.
We're going to catch a big one.
What a beautiful day!
We're not scared.

Oh-Oh! Uma tempestade de neve!
Uma tempestade de neve com remoinhos e rodopios.
Não podemos ir por cima.
Não podemos ir por baixo.

Uh-uh! A snowstorm!
A swirling whirling snowstorm.
We can't go over it.
We can't go under it.

Oh não!
Temos de atravessá-lo!

Oh no!
We've got to go through it!

Vuuuu vuuuu!
Vuuuu vuuuu!
Vuuuu vuuuu!

Hooo woooo!
Hoooo woooo!
Hoooo wooo!

Vamos à caça de um urso.
Vamos apanhar um grande urso.
Que lindo dia!
Nós não temos medo.

We're going on a bear hunt.
We're going to catch a big one.
What a beautiful day!
We're not scared.

Oh-Oh! Uma gruta!
Uma gruta estreita e escura.
Não podemos ir por cima.
Não podemos ir por baixo.

Uh-uh! A cave!
A narrow gloomy cave.
We can't go over it.
We can't go under it.

Oh não!
Temos de atravessá-lo!

Oh no!
We've got to go through it!

Pontas dos pés!
Pontas dos pés! Pontas dos pés!
O QUE É AQUILO?

Tiptoe!
Tiptoe! Tiptoe!
WHAT'S THAT?

Um nariz brilhante e húmido!
Duas grandes orelhas peludas!
Dois grandes olhos esbugalhados!
É UM URSO!!!!

One shiny wet nose!
Two big furry ears!

Two big goggly eyes!

IT'S A BEAR!!!!

Rápido! Voltamos a atravessar a gruta! Pontas dos pés! Pontas dos pés! Pontas dos pés!

Quick! Back through the cave! Tiptoe! Tiptoe! Tiptoe!

Voltamos a atravessar a tempestade de neve! Vuuuu vuuuu! Vuuuu vuuuu!

Back through the snowstorm! Hoooo wooooo! Hoooo wooooo!

Voltamos a atravessar a floresta! Tropeça! Tropeçar! Tropeçar!

Back through the forest! Stumble trip! Stumble trip! Stumble trip!

Voltemos a atravessar a lama! Chapinha chapinhar! Chapinha chapinhar!

Back through the mud! Squelch squerch! Squelch squerch!

Voltemos a atravessar o rio! Salpica salpicar! Salpica salpicar! Salpica salpicar!

Back through the river! Splash splosh! Splash splosh! Splash splosh!

Voltemos a atravessar a relva! Afasta afastar! Afasta afastar!

Back through the grass! Swishy swashy! Swishy swashy!

Chegámos a casa.
Abrimos a porta. Subimos as escadas.

Get to our front door.
Open the door. Up the stairs.

Oh não! Esquecemo-nos de fechar a porta da frente.
Voltemos para baixo.

Oh no! We forgot to shut the front door.
Back downstairs.

Fechemos a porta.
Voltamos para cima.
Entremos no quarto.

Shut the door. Back upstairs.
Into the bedroom.

Metamo-nos na cama.
Por baixo da coberta.

Into bed.
Under the covers.

Não vamos mais à caça de um urso.

We're not going on a bear hunt again.